ENGLISH AS SHE IS SPOKE

The New Guide of the Conversation,
in Portuguese and English, in Two Parts

ENGLISH AS SHE IS SPOKE

Selections from

*O Novo Guia da Conversaçao,
em Portuguez e Inglez, em Duas Partes*

*The New Guide of the Conversation,
in Portuguese and English, in Two Parts*

BY

JOSÉ DA FONSECA & PEDRO CAROLINO

◆◆◆◆◆◆◆◆◆◆◆◆◆◆◆◆◆◆

EDITED BY PAUL COLLINS

McSWEENEY'S BOOKS

The Collins Library is a series of newly edited and typeset editions of unusual
out-of-print books, and is published by McSweeney's Books,
826 Valencia Street, San Francisco, CA 94110.

Editor: Paul Collins
Associate Editor: Jennifer Elder

www.collinslibrary.com
www.mcsweeneys.net

This edition of *English as She is Spoke* is a new selection from *O Novo Guia da Conversaçao, em
Portuguez e Inglez, em Duas Partes: The New Guide of the Conversation, in Portuguese and English,
in Two Parts*, by José da Fonseca and Pedro Carolino, which was originally published
in Paris in 1855 by J.P. Aillaud.

The errors within this text are reproduced verbatim from the original.

ISBN: 1-932416-11-0

ABOUT THIS BOOK

There is no surer way for intelligent people to make asses of themselves than by attempting to learn a foreign language, and the sight of their well-intentioned bumbling has long provided comic relief to humanity. It is into this trap that the hapless translator Pedro Carolino fell when he sat down in 1855 to write an English phrasebook for Portuguese students.

He had a serious problem: *he didn't know any English.*

Even worse, he didn't own an English-to-Portuguese dictionary. What he did have, though, was a Portuguese-to-French phrasebook and a French-to-English dictionary. The bizarre linguistic train wreck that ensued—published in Paris in 1855 as *O Novo Guia da Conversaçao, em Portuguez e Inglez, em Duas Partes: The New Guide of the Conversation, in Portuguese and English, in Two Parts*—became celebrated as a bizarre masterpiece of unintentional humor, and it went on to be reprinted around the world for the rest of the 19th century, under the title *English as She is Spoke.*

Armed with Carolino's guide, a Portuguese traveler could complain about his writing implements ("This pen are good for notting"), insult a barber ("What news tell me? all hairs dresser are newsmonger"), complain about the orchestra ("It is a noise which to cleave the head"), go hunting ("Let aim it! let make fire him!"), and consult a handy selection of truly mystifying *Idiotisms and Proverbs* ("Nothing some money nothing of Swiss.")

English as She is Spoke soon became a byword for linguistic error, and was often referred to in newspaper and magazine articles featuring tortured English. In the United States, its fame was such that Mark Twain wrote the introduction to one edition, assuring readers that "Nobody can add to the absurdity of this book, nobody can imitate it successfully, nobody can hope to produce its fellow; it is perfect, it must and will stand alone: its immortality is secure." Its spirit now presides over the vaudevillian tradition of such second-language manglers as Chico Marx and *Fawlty Towers'* long-suffering Manuel.

Inevitably, the bizarre originality of *English as She is Spoke* gave rise to a series of spin-offs, including *English as She is Wrote* (1883), and Caroline Row's 1887 collection *English as She is Taught: Being genuine answers to examination questions in our public schools*. The former quickly slipped into obscurity, but for the latter Mark Twain reprised his editorial role, writing a glowing introduction. He singled out this entry as "the funniest (genuine) boy's composition I think I have ever seen":

ON GIRLS.
Girls are very stuckup and dignefied in their maner and be have your. They think more of dress than anything and like to play with dowls and rags. They cry if they see a cow in the far dis-

tance and are afraid of guns. They stay at home all the time and go to church on Sunday. They are al-ways sick. They are al-ways funy and making fun of boy's hands and they say how dirty. They cant play marbels. I pity them poor things. They make fun of boys and then turn around and love them. I dont beleave they ever kiled a cat or anything. They look out every nite and say oh ant the moon lovely. Thir is one thing I have not told and that is they al-ways now their lessons bettern boys.

English as She is Taught stayed popular for a couple decades. While it is no longer in print, it single-handedly created a genre of "exam-answer humor" that now lives in perpetuity as forwarded e-mails from schoolteachers.

After numerous reprintings in the 19th century, *English as She is Spoke* continued to be revived every decade or two throughout the 20th century, typically in paperback reprints that simply used one of the old American editions from the 1880s or 1890s. But our own revival in 2002 of *English as She is Spoke* brought new facts to light about the authors responsible for that fateful 1855 edition. Today, after nearly 150 years, the mystery behind *English as She is Spoke* appears to have been solved.

Traditionally, the book has been ascribed in tandem to José da Fonseca and Pedro Carolino. Although Fonseca (1788–1866) was memorably described by Twain as "an honest and upright idiot," he had a long and respectable list of published works in poetry, linguistics, and translation behind him. How could he have been involved in such a far-rago? On closer examination, Fonseca appears to have suffered a sort of literary carjacking. After reading our reprint of the book, UCLA linguist Alex McBride determined that "co-author" Pedro Carolino created the ill-fated *Novo Guia* by commandeering Fonseca's 1837 *Guide de le Conversation Française et Anglaise*—a perfectly competent phrasebook—and crudely translating the translations. Carolino then included Fonseca's name with his own on the new book's title page, even though it seems likely that the upstanding scholar was oblivious of Carolino's bumbling act of piracy. He may not have even been aware of his would-be collaborator's existence: little is known about Carolino, though he did previously author a manual on letter-writing. In all likelihood he was a hack who, with next month's rent due, assured a publisher that *of course* he could write an English phrasebook.

And it might have worked, except that English is a damnably illogical language. But it is easy to imagine attempts at translation between any two languages bringing about some of the same mistakes. One can only wonder whether, lurking on our library shelves, there is an equally atrocious phrasebook written for American students that will someday bring tears of helpless laughter to the eyes of Portuguese readers.

So before you read *English as She is Spoke*, spare some pity for the authors. Their intentions were good. The first reprint of their masterpiece appeared in 1869, several years after Fonseca's death, and perhaps it is just as well that he did not live to hear the whoops of laughter that his pirated work generated—or, for that matter, the linguistic havoc that it had already wreaked. For the book's posthumous discovery in the English-speaking world was, it appears, spurred by a letter in the January 16, 1869, issue of the London journal *Notes and Queries*, in which a reader reported encountering the *Novo Guia* while visiting the island of Macao. It was being used, he reported, as a textbook in their schools.

Paul Collins
February 2004

TABOA DAS MATERIAS
INDEX OF THE MATTERS

❖❖❖❖❖❖❖❖❖❖❖❖❖❖❖

PREFACIO • PREFACE

PRIMERA PARTE • *FIRST PART*
VOCABULARIO PORTUGUEZ E INGLEZ.
PORTUGUESE AND ENGLISH VOCABULARY

DÔ GÉNERO HUMÂNO • THE MANKIND 2

IDÁDES • AGES 3

DEFÊITOS DO CÔRPO • DEFECTS OF THE BODY 4

CRIADOS • SERVANTS 5

DOENÇAS • DISEASES 6

REMEDIOS • REMEDIES 7

PÁRTES D'ÚMA CIDÁDE • PARTIES A TOWN 9

DE CAMA • OF THE BED 10

MANJÁRES • EATINGS 11

ANIMÁES QUADRÚPEDES • QUADRUPED'S BEASTS 13

PEIXES E MARISCOS • FISHES AND SHELL-FISHES 15

CÔRES • COLOURS 17

JÓGOS • GAMES 18

DO ALTAR • OF THE ALTAR 19

CASTIGOS • CHASTISEMENTS 20

PHRASES FAMILIARES • FAMILIAR PHRASES 21

SEGUNDA PARTE · SECOND PART

Diagolos Familiares
Familiar Dialogues

Dô passêo · The walk 70

Do jôgo · The gaming 72

Côm ô alfaiáte · With the tailor 74

Côm ô cabellêireiro · With a hairdresser 77

Pâra preguntár novidádes · For to ask some news. . 79

Pára comprár · For to buy 81

Pâra jantár · For to dine 83

Pâra montár â cavállo · For to ride a horse. 85

Pâra visitár úm dôente · For to visit a sick 87

Dô govêrno dâ cāsa · From the housekeeping 89

Dâ comédia · For the comedy 91

Dâ cáça · The hunting 93

Dâ Pésca · The fishing 95

Côm úm mercadôr-dê-móveis ·
With a furniture tradesman. 97

Pâra embarcár · For embarking one's self 99

Côm ô jardinêiro · With a gardener 101

Côm úm livêiro · With a bookseller. 103

Côm ô dentísta · With a dentist 104

Dâ língua francêza · The french language 106

Anecdotas · Anecdotes 109

Idiotismos e Proverbios · Idiotisms and proverbs . . 125

PREFACE

A choice of familiar dialogues, clean of gallicisms, and despoiled phrases, it was missing yet to studious portuguese and brazilian Youth; and also to persons of others nations, that wish to know the portuguese language. We sought all we may do, to correct that want, composing and divising the present little work into two parts. The first includes a greatest vocabulary proper names by alphabetical order; and the second fourty three Dialogues adapted to the usual precisions of the life. For that reason we did put, with a scrupulous exactness, a great variety own espressions to english and portuguese idioms; without to attach us selves (as make some others) almost at a literal translation; translation what only will be for to accustom the portuguese pupils, or-foreign, to speak very bad any of the mentioned idioms.

We were increasing this second edition with a phraseology, in the first part, and some familiar letters, anecdotes, idiotisms, proverbs, and to second a coin's index.

The Works which we were conferring for this labour, fond use us for nothing; but those what were publishing to Portugal, or out, they were almost all composed for some foreign, or for some national little acquainted in the spirit of both languages. It was resulting from that corelessness to rest these Works fill of imperfections, and anomalies of style; in spite of the infinite typographical faults which some times, invert the sense of the periods. It increase not to contain any of those Works the figured pronunciation of the english words, nor the prosodical accent in the portuguese: indispensable object whom wish to speak the english and portuguese languages correctly.

We expect then, who the little book (for the care what we wrote him, and for her typographical correction) that may be worth the acceptation of the studious persons, and especialy of the Youth, at which we dedicate him particularly.

PRIMEIRA PARTE.
PART ONE.

◆◇◆◇◆◇◆◇◆◇◆◇◆◇◆◇◆◇◆◇◆

VOCABULARIO PORTUGUEZ E INGLEZ.
PORTUGUESE AND ENGLISH VOCABULARY.

DÔ GÉNERO HUMÂNO.
THE MANKIND.

Hómem.	Man.
Mulhér.	Woman.
Vélho.	Old man.
Vélha.	Old woman.
Rapâz.	Boy.
Raparíga.	Girl.
Donzélla.	Maid.
Vírgem.	Virgin.
Gigânte.	Giant.
Anão.	Dwarf.

IDÁDES.
AGES.

Â infància.	The infancy.
Â puerícia.	The puerility.
Â mocidáde.	The youth.
Â adolescência.	The adolescence.
Â idáde-varouíl.	The virility.
Â madurêza.	The maturity.
Â decadéncia.	The decay.
Â velhíce.	The oldness.
Â idáde decrépita.	The age decrepit.
Â idáde caduca ou caducidáde.	The decayedness.

DEFÊITOS DO CÔRPO.
DEFECTS OF THE BODY.

Úm cégo.	A blind.
Úm côxo.	A lame.
Úm tôrto.	One eyed.
Úma corcóva.	A hump.
Â reméla.	A rheum.
Úm cálvo.	A bald.
Úma impígem.	A ring worm.
Úm canhôto.	A left handed.
Fèio.	An ugly.
Mágro.	Meager.
Úm mânco ou manêta.	One handed.
Úm vêsgo ou zanága.	A squint-eyed.
Úm lobínho.	A wen.
Úm nariz rômbo.	A flat-nose.
Úm súrdo ou môuco.	A deaf.

CRIADOS.
SERVANTS.

Varredôr.	Sweeper.
Camarêiro.	Chamberlain.
Cochêiro.	Coochman.
Guárda-cháves, guárda-portão.	Door-keeper, Porter.
Andarílho.	Running footman.
Cuzinhêiro.	Cook.
Despensêiro.	Spendth.
Copêiro.	Cup bearer.
Escudêiro.	Master of the horse.
Criáda-dê-câmara, camarêira.	Chambermaid.
Âma, áia.	Governess.
Palafrenêiro.	Groome.
Môço-de-cadeirínha.	Sedan porter.
Postilhão.	Postilion.
Engommadêira.	Woman who irons linens.

DOENÇAS.
DISEASES.

Â appolexia.	The apoplexy.
Â ásthma.	The asthma.
Â cólica.	The colic.
Â diarrhéa.	The diarrhoea.
Âs alpôrcas.	The scrofulas.
Ô flúxo-dê-sângue.	The bloody-flux.
Úma fluxão.	The fluxion.
Â sárna.	The itch.
Â gôtta.	The gout.
Â icterícia.	The jaundice.
Â melancolía.	The melancholy.
Â enxaquêca.	The megrime.
Úm panaríco.	The whitlow.
Úm rheumatísmo.	The rheumatisme.
Ô vómito.	The vomitory.

REMEDIOS.
REMEDIES.

Antimónio.	The antimony.
Uma cataplásma.	The cataplasm.
Úm cautério, úma fônte.	The cautery.
Fíos (pâra ferídas).	The lint.
Úma decocção.	The decoction.
Â diéta.	The diet.
Úm emplásto.	The plaster.
Úm gargarêjo.	The gargarism.
Malvaísco.	The marsh-mallow.
Úma sarjadúra.	The incision.
Úma infusão.	The infusion.
Láudano.	The laudanum.
Úma ajúda.	The clyster.
Úma púrga.	The medicine.
Vivo-azôugue.	The mercury.
Unguênto.	The ointment.
Opiáta.	The opiate.

Úma pirola.	The pill.
Rheubárbo.	The rhubarb.
Uma sangría.	The bleeding.
Sanguisúgas.	The leeches.
Séne.	The senna.
Xarópe.	The sirop, sirup.
Triága.	The treacle.
Úm vomitório.	The vomitory.

PÁRTES D'ÚMA CIDÁDE.
PARTIES A TOWN.

Ô arsenál.	The arsenal.
Â estalájem,	The inn.
Â barrêira.	The barrier.
Âs lójas.	The shops.
Úma tabérna.	The public-house.
Úma encruzilháda.	The cross-way.
Â igrêja.	The church.
Ô câno.	The sink.
Fôntes.	The fountains.
Âs fortificações.	The fortifications.
Fóssos.	The ditches.
Úma bodêga, baiúca, tásca.	The low eating house.
Hospitáes.	The hospitals.
Ôs obelíscos.	The obelis-ks.
Âs práças.	The squares places.

Da cama.
Of the bed.

Â madêira dâ câma.	The bed wood.
Â côlcha.	The counterpane.
Ô cabertôr.	The blanket.
Ôs lençóes.	The sheets.
Ô sôbre-céo-dâ-câma.	The bed battom.
Â guarnição.	The trimming.
Ôs colchões.	The mattresses.
Â almofáda.	The pillow.
Ô enxergão.	The straw mattress.
Ôs pés dâ câma.	The feet's bed.
Ôs piláres dâ câma.	The pillar's bed.
Âs cortínas.	The curtains.
Ô espáço entre â câma ê â parêde.	The bedside.
Â frônha dâ almofáda.	The pillow-case.
Â cabecêira-dâ-câma.	The head's bed.

MANJÁRES.
EATINGS.

Cáldo.	Some boiled meat.
Filhózes.	Some fritters.
Úma compóta.	A stewed fruit.
Dôces.	Some sweetmeats.
Cáldo-dê-substância.	Some jelly broth.
Bôlos-folhádos.	Some wigs.
Úm chouriço.	A chitterling sausages.
Úm práto-dô-mêio.	A dainty-dishes.
Úm quárto-dê-carnêiro.	A mutton shoulder.
Úm estufádo.	A stewed meat.
Úm rechèio.	A stuffing.
Úma fogáça.	A litle mine.
Cáça.	Some game.
Úma pérna-dè-carnêiro.	A leg of mutton.
Mantêiga-dê-pôrco.	Hog fat.
Cárne assáda nâ grélha.	A broiled meat.
Presúnto.	Some ham.

Lêite.	Some milk.
Lêite-coalhádo.	Some curdled milk.
Massapães.	Some marchpanes.
Mostárda.	Some mustard.
Ôvos.	Some eggs.
Úma fritáda-d'óvos.	An amelet.
Pêixe.	Some fish.
Môlho côm pimênta.	Pepper and vinegar sauce.
Úma potágem.	A pottage.
Súcco d'ervílhas.	Vegetables boiled to a pap.

Animáes quadrúpedes.
Quadruped's beasts.

Cordêiro, ânho.	Lamb.
Asno, búrro, jumênto.	Ass.
Búrra.	Shi ass.
Burrínho.	Ass-colt.
Donínha.	Weasel.
Carnêiro.	Ram, aries.
Cérva.	Hind.
Bôi.	Ox.
Bóde.	He goat.
Ovêlha, óve.	Ewe.
Égua.	Mare.
Veádo.	Stag.
Camêlo.	Camel.
Gáto.	Cat.
Cavállo.	Horse.
Cábra.	She-goat.
Cabrito.	Kid.

Cabríto-montêz.	Roebuck.
Cão.	Dog.
Cadéla.	Bitch.
Pôrco.	Hog.
Dragão.	Dragon.

PEIXES E MARISCOS.
FISHES AND SHELL-FISHES.

Múge.	Bleak.
Sável.	Shad.
Anchôva.	Anchovy.
Enguía.	Eel.
Balêia.	Whale.
Bárbo.	Barbel.
Ôlho-dê-bôi.	Sea fish.
Lúcio.	Pike.
Pêixe-espáda.	Sword-fish.
Lúla.	Calamary.
Côngro.	Conger.
Delphîm, golfínho.	Dolphin.
Douráda.	Dorado.
Caranguêjo.	Craw-fish.
Pêixe-caldêira.	A sorte of fish.
Cadóz.	Gudgeon.
Arênque.	Herring.

Ouriço-dô-már.	Hedge hog.
Ôstra.	Oyster.
Lamprêia.	Lamprey.
Lagósta.	Large lobster.
Caramújo.	Snail.
Sôlho.	Wolf.

CÔRES.
COLOURS.

Brânco.	White.
Azúl.	Blue.
Carmezim.	Crimson.
Escarláte.	Scarlet.
Párdo.	Cray.
Gredelím.	Gridelin.
Amaréllo.	Yellow.
Almiscarádo.	Musk.
Prêto.	Black.
Vermêlho.	Red.
Vérde.	Green.

JÓGOS.
GAMES.

Jôgo-dâ-bárra.	Bar.
Bilhár.	The billiard-table.
Berlão.	Gleek.
Cavalháda.	Carousal.
Cártas.	Cards.
Cábra-céga.	Blindman's bluff.
Chápas.	Pile.
Dâmas.	The draughts.
Dádos.	Dice.
Chóca.	Mall.
Páres oû nônes.	Even or non-even.
Cúnhos.	Quoit.
Péla.	Tennis.
Ôs cêntos.	Picquet.
Jôgo-dâ-bóla.	Keel.
Pião.	A gig, a top.
Gamão.	Trictrac, backgammon.

Do altar.
Of the altar.

Ôs castiçáes.	The candles-stick.
Â cáixa-dê-relíquias.	The shrine.
Âs vélas.	The wax-taper.
Â almofáda.	The cushions.
Â credência.	The buffet.
Ô sôbre-céo-dô tabernáculo.	The canopy.
Ôs degráus.	The steps, degrees.
Ô frontál.	The before altar.
Ô incênso.	The incense.
Ô thuríbulo.	The censer.
Ô suppedânco.	The communion cloth.
Â navêta.	The rape.

CASTIGOS.
CHASTISEMENTS.

Condemnaçao.	A fine.
Confessão-pública-dê-delícto.	Honourable fine.
Destêrro, degrêdo, exilio.	Banishment.
Ô calabôuço.	The dungeon.
A golílha.	The iron collar.
Degollár.	To decapitate.
Empalár.	The empale.
Estrangulár.	To strangle.
Acoutár.	To whip.
Marcar.	To stamp, to mark.
Â prisão.	Imprisonment.
Â tortúra.	The torture rack.
Rodár.	To break upon.
Atanazár.	Tho tear off the flesh.
Esqurtejár.	To draw to four horses.

PHRASES FAMILIARES.
FAMILIAR PHRASES.

Trazêi-me ôu tråga-me à fáca.
Bring me a knife.

Íde ôu vá buscár.
Go to send for.

Têndes ôu têm algúma côusa â mandárme?
Have you some thing to command to?

Certificái-o ôu certifíque-o dâ mínha lembrânça.
Assure-him from mi remembrance.

Asseguarái-lhe ôu assegúre-lhe â mínha amizáde.
Assure him upon mi friendship.

Pônde-me ôu pônha-me âos pés dâ senhôra L—.
Assure Madam L— from my respects.

Íde ôu vá para diante.
Hasten to.

Chegâi-vos ôu chêgue-se â mím.
Come near to me.

Ide-vos ôu vá-se embóra.
Go on.

Esperái ôu espere úm pôuco.
Stop a little.

Íde ôu vá pôr lá ôu alli.
Go thither.

Â quem falláis ôu fálla Vm?
Which do you speak?

Disséstes ôu dísse ísso?
Have you say that?

Entendêstes, óuvístes ou entendêo, ouvío ô quê êlle disse?
Have you understand that he says?

Pâra quê ôu dê quê sérve ísso?
At what is employed that?

Â quê propósito dísse êlle ísso?
At what purpose have say so?

Chegaí-vos ôu chêgue-se âo fôgo, âo lúme.
Approach near the fire.

Vâmos passeiár.
Let us go take a walk.

Vâmos tomár ár ôu espairecêr.
Let us go to respire the air.

Vâmos lá â pé.
Let us go on ours feet.

Á quê hóras vós levantastes ôu sê levanton?
At what o'clock is to get up?

Á déz hóras.
At ten o'clock.

Confiái-vos ôu confié-se êm mím.
Put your confidence at my.

Esperái-me ôu espere-me.
Stay for me.

Entendèstes ôu entendêu ô que êu dísse?
Have you understand that y have said?

Em quê pensáis ôu êm quê pênsa?
At what do you think?

Tênde ôu tênha â bondáde dê m'ô dizer.
Do is so kind to tell me it.

Â quêm pertênce ôu de quêm é êsse chapéo?
At which is this hat?

Com quêm pensáis ôu pênsa Vm. tratar?
At which belive you be business?

Têm fílhos?
Have him some children?

Â quê hóras sê janta?
At what o'clock dine him?

Vâmos bêm dê vagár.
Go too softly.

Trazêi-me ôu trága-me lençóes bêm lavádos.
Bring me some sheets very clean.

Fizéstes ôu fez Vm. â mínha commissão?
Have you done my commission?

Divertí-vos ôu divírta-se â colhêr flôres.
Amuse you to cull some flowers.

Applicái-vos ôu applíque-se âo estúdo êm quânto é môço.
Apply you at the study during that you are young.

Tomáda liçença, partí.
Having take my leave, I was going.

Aquentái-me ôu aquênte-me â câma.
Warm my bed.

É ô melhór.
That is better.

Crêde-me ôu crêia-me.
Belives me.

Ísso não é impossível.
That is not impossilbe.

Ísso é falso.
That is false.

É úma mentíra.
That is a lie.

Tudo é úm.
That is also.

É â mêsma côusa ôu ô mêsmo.
That is all right.

Cômô dízeis ôu díz Vm?
What you say?

Quântas vêzes têndes, têm casádo ôu casôu?
How many times have you been married?

Toucâi-vos ôu tôuque-se.
Dress your hairs.

Começai ôu coméce.
Begin.

Continuái ôu continúe.
Continue.

Cantái ôu cânte úma ária.
Sing an area.

É úma bélla ôu linda planicie.
That is a very pretty plain.

Éstas sômbras são múi aprazíveis.
These shades are very agreeably.

Deitêmo-nos sôbre â hérva.
Lay down on the grass.

Éstas árvores fazem ôu dâo bôa sômbra.
This trees make a beauty shade.

Esses damáscos ê pêcegos fázem-me vir água á bôca.
These apricots and these peaches make me and to
come water in mouth.

É signál dè bôm têmpo.
That is sign from good time.

Ísso respêita-me ôu tóca-me.
That looks me.

Enganái-vos ôu engâna-se n'ísso.
That is who deceive you.

Ísso desgósta-o ôu encolerísa-o.
That is what make him angry.

Cessái ôu césse éssa dispúta.
Cease this dispute.

Â culpa é vóssa ôu súa.
That is of your fault.

É hómem illitteráto.
Is a illiterate man.

Esse dinhêiro não é vósso ôu sêu.
That is not your money.

São manjáres dê quê ôu dôs quáes devêis abster-vos ôu déve abstêr-se.
That are the dishes whose you must be and to abstain.

Ísso é descortêz ôu inurbâno.
That is dishonest.

Éssa dâma ôu senhôra é amavél.
This woman is delight ful.

Ísso vôs está ôu lhê está lindamênte.
That rest you admirably well.

Isso nao básta.
That is not sufficient.

Ésta cárne não está assaz ôu bêm cuzida.
This meat is not too over do.

Este vínho é naturál.
This wine is natural.

Ésta tínta está brânca ôu aguáda.
This ink is white.

Quanto prodúz ôu rênde â térra?
How many this earth produce?

Este ôculo ôu lunêta não présta.
This spy-glass is good for nothing.

Ésta ôu éssa lênha não árde.
That wood not burn.

Este quárto está chêio ôu inçádo dê porçovêjos.
This room is filled of bugs.

Éssa acção não é d'amigo.
That is not of a friend trace.

Este síno têm sôm argentino.
This bell have of a clear sound.

Éssa repariga é airósa.
This girl have a beauty edge.

Ísso não está âo alcânce dâ mínha vísta.
That is not at the endeavor of my sight.

É úma comédia assáz jocósa.
That is a comedy too much pleasant.

Esse retráto é, está um pouco embellecido.
This portrait is a little flatted.

É úm estrôndo que québra â cabêça.
It is a noise which to cleave the head.

Esse bósque estea chêio dê ladrões.
This wood is fill of thief's.

Dispônha dô vóssô ôu seû criádo.
Dispose to your servant.

D'ônde víndes ôu vêm?
Vhence do you come.

Dizêi-me ôu díga-me, póde sabêr-se?
Tell-me, it can one to know?

Dizêi ô quê querêis ôu díga ô quê quér.
Tell that do you will do.

Dizêi-me dô quê gostáis ôu díga-me dè quê gósta.
Tell me that you like more.

Despí-vos ôu díspa-se.
Undress you to.

Dái-me ôu dê-me úm cópo dê vínho.
Give me a glass of wine.

Descêi ôu dêsça.
Go down.

Dái-me ôu dê-me úm desçaladôr.
Give me a boot hook.

Qnânto â mim, sôu tôdo vôsso ôu sêu.
Of my side, i am your's.

Dái-me ôu dê-me ôutro cópo.
Give me another glass.

Dái-me ôu dê-me lênha sêcca.
Give me a dry wood.

Dái-me, dá-me ôu dê-me úm práto.
Give me a dish.

Dái-me ôu dê-me obrêias.
Give me any wafer.

Dái-me ôu dê-me lêite frescál.
Give me some good milk newly get out.

Justificái-me ôu justifíque-me â sêu irmão.
Exculpate me by your brother's.

Elle será á manhã interam˜ente livre.
To morrow hi shall be entirely (her master) or
unoccupied.

Dizêi-me ôu díga-me sím ôu não.
Tell-me yes or non.

Porquê estáis ôu está tão triste?
Why you are so melancholy.

Quândo voltarêis ôu vólta?
How many time shall you be in return?

E êu tãobêm ôu igualmênte.
And my also.

Élla não fáz senão conversár ê palrár.
She do not that to talk and to cackle.

Élla não mê dísse náda ôu náda me dísse.
She do not tell me nothing.

Escutái ôu escúte, vínde ôu vênha cá.
Listen'to, como hither.

Élla conhêce-me.
She do know me.

Estáis ôu está aínda nâ câma ôu deitáda?
Are you in the bed yet?

Acordái ôu acórde.
A wake you.

Está vestída?
It is she dressed?

Âmbas são múito bonítas.
She are both very fine.

Entrái ôu êntre nô bárco.
Go in the boat.

Estáis ôu está cançádo?
Are you tired?

Entrêmos n'êsse bosquête?
Come us in this thicket?

Têndes ôu têm entráda côm êlle?
Are you bind with him?

Sôis ôu é casádo?
Are you marryed?

Experimentái ôu experimente ésta pènna.
Try this pen.

Riscái ôu risque aquélla palávra.
Efface this word.

Mandái-o ôu mânde-o buscár.
Send-him to look for.

Élla é feíssima ôu lindíssima.
She is unhandsomest or finest.

Afastái-vos ôu afáste-se dô río.
Remove you of the river.

Élla móra ôu assíste nâ rúa dê —.
She live in the street of —.

Élla sábe bordár.
She embroides.

Evitái ôu evíte ô ócio.
Avoid the idleness.

Élla aínda não tem vínte ânnos.
She have not reach the twenty yars age.

Élla afffécta virtúde ôu gravidáde.
She make the prude.

Élla têm sêmpre algúma côusa quê lhê fáz mál ôu â incommóda.
She have always anything which is it bad.

Sôis ôu é Vm. sêu parênte?
Are you her relation?

É assím quê vós usais ôu Vm. úsa pâra comigo ôu â mêu respêito?
Is so that you act for to me?

Fazêi-vos ôu fáça-se cortár ôs cabêllos.
Do you cut the hairs.

Prováí ôu próve êste vinho.
Dry this wine.

É verdáde.
It is true.

É máis quê verdáde.
It is not that very true.

Parêce-me quê há três dias não tênho comído náda.
I think what there is it three days that i eat nothing.

Não mê lêmbra.
It not remember me.

Há dôus ânnos quê mêu páe é môrto ôu morrêo.
There is it two years what my father is dead.

Tôdos são mórtos ôu morrêrão.
They are all dead.

Há múita frúcta êste ânno.
This year there is it many fruits.

Fáz úm têmpo húmido, chuvôso, tempestuôso ê ventôso.
It is a humid, rainy, stormy, and windy weather.

Chóve.
It rains.

Não chóve.
It not rains.

Vaí pâra â méia-nôite.
It gos to midnight.

Fáz úm calôr excessívo.
It is an excessive warmth.

Há grânde abundância dê frúcta.
There is planty fruits.

É necessário encelleirár o trígo.
It must to get in the corn.

Elle arrancôu-me ô livro dâs mãos.
He has pull me the book by hands.

Rio-me nâ cara, e zomba de mim.
He laughs at my nose, he jest by me.

Cuspío-me nô vestído.
He has spit in my coat.

Puxôu-me pelos cabêllos.
He has me take out my hairs.

Dêo-me pontapés.
He does me some kicks.

Elle fál-o dê propósito.
He make them on purpose.

Dêo-me úma bofetáda.
He give me a box on the ear.

Arranhôu-mê â cára côm âs únhas.
He has scratch the face with hers nails.

Dêo-me na cãra.
He has strike in the face.

Elles quebrão-me â cabêça.
They break my head.

Coméça a envelhecêr.
He bigins to be in years.

Elle têm sàude, e êis o principál.
He is in good health, that is the principal.

Está rôto, rasgado.
He is tears.

Apérta-me múito.
It pinchs me enough.

É múito bêm fêito.
He is very weet personate.

É necessário ôu convêm, reléva retocál-os.
It nurst to retouch its.

Está crivádo dê dividas.
He is drowned of debts.

Côm úm pistoláço fez-se saltár os miólos.
He burns one's self the brains.

Elle brínca no jardim.
He play in to garden.

Recúsa cásar-se.
He refuse to marry one's self.

Elle prodíga ô dinhêiro.
He lavishs his money.

Náda há semelhânte ôu similhante.
Such it is nothing.

Elle não é escrupulôso.
He not tooks so near.

Vále pesádo â ôuro.
He is valuable his weight in gold.

É facéto.
He has the word for to laugh.

Náda há máis fácil.
There is it nothing so easy.

Cahío nâ lâma.
He is falled in the dirt.

Apeiou-se dô cavállo.
He does go down from the horse.

Perseguío-o vivamênte.
He pursue him lively.

Refugiôu se êm mínha cása.
He take refuge in my house.

Não vôs ôu lhê acontecerá mál algúm.
It don't arrive you nothing.

Não precísa vírdes ôu vír.
It is not necessary that you came.

Elle fáz ô diábo â quátro.
He do the devil at four.

Sábe móntar â cavállo ôu cavalgár.
He know ride a horse.

Mânda varrêr ô quárto.
He make to weep the room.

Têm ô braço quebrádo.
His arm is broken.

Têm úm bnráco nâ cabêça.
He has a hole in head.

É necessário pôr úm vídro nô mêu relójio.
It wants put again a glass at my watch.

Têve úm duélo, desafio.
He was fighted in duel.

Irêis ôu irá Vm. âo theátro?
Shall you go to the spectacle.

Convêm sê óbre côm sinceridâde.
It must to act with sincerity.

Elles brígão âmbos.
They fight one's self together.

Pôr pôuco não cahío, ôu cahíu.
He do want to fall.

Elle quér prejudicár-me.
He endeavors to hurt me.

Núnca devêmos zombár dôs infelízes.
It must never to laugh of the unhappies.

Pôr pôuco ô não matárão.
He was wanting to be killed.

Elle requébra tôdas âs mulhéres.
He caresses all women.

Fôi ferído mortálmente.
He was wounted mortally.

É tão ríco cômo tú.
He is as rich as you.

Enganoû-se.
He is mistaken himself.

Elle vêio aqui ôu cá mûito cêdo.
He cames here very early.

Matál o-hâ ás pauládas.
He does kill him poniard blow's

Sería melhór empregár â brandúra.
It should do metter and take i by the sweetness.

Elle tomôu boas medídas.
He has taken very much her mesures.

Elle sábe vivêr ôu tratár.
He do know to live.

Péço-vos usêis ôu úse livremênte comígo.
I pray you to use it with me freely.

Âmo-vos ôu âmo-o dê tôdo ô mêu coração.
I love you all my heart.

Só espéro âs vóssas ôu súas órdens.
I don't expect than yours commands.

Núnca mê esquecerêi.
Never I forgot to.

Estôu confúso dâs vóssas ôu súas civilidádes.
I am confused all yours civilities.

Não gósto dê tântas ceremónias.
I don't love too much ceremonies.

Eu fazía-o pâra rír.
I was made for to laugh.

Eu comería dê bôa vontade úm bocádo d'algúma cousa.
I should eat a piece of something.

Comí bastánte.
I have eating enough.

Estôu satisfêito ôu fárto.
I am satisfied.

Não tênho máis appetîte ôu vontáde de comêr.
I have not more appetite.

Tênho sêde ôu grânde sêde.
I have thirst or great thirst.

Môrro dê sêde.
I starve, i stifle thirst.

Eu bebería dê ôu com bôa vontáde úm cópo dê vínho.
I should be driking a glass wine.

Bebí assáz, bastánte ôu múito.
I have drinking enough.

Não pósso bebêr máis.
I cannot drinking more.

Não mê lêmbra.
I not remember them.

Lêmbro-mê d'ísso múito bêm.
I do remember me viry well.

Tênho vínte ânnos.
I have twenty years age.

Tênho trínta ânnos.
I have thirty years age.

Estôu encatarroádo ôu endefluxádo.
I am catched cold.

Não fáço senão tussir ê cuspír.
I not make what to cough and cold.

Súo ôu estôu suádo.
I perspire.

Môrro dê cálma.
I dei of heat.

Núnca sentí tál calòr.
Never i have feeld a such heat.

Athé ônde dizêmos?
Till say-us.

Moer-vos-hêi ôu moêl-o-hêi ás pancádas.
I should kill-you to the blows with a stick.

Cáio êm ôu com fraquêza.
I feel me to fail.

Tênho múita sêde.
I am very thirsty.

Acábo dê bebêr.
I como to drink.

Bebí múito.
I have trinked too much.

Vênho dê mínha cása.
I como home.

Vênho dê vóssa ôu súa cása.
I como your hause.

Tênho préssa.
I am pressed myself.

Sínto rumôr.
I understand some noise.

Cústa-mé dár-me â entendêr ôu intendêr.
I have pains on to concieve me.

Calcêi âs mêias dô avêsso ou ás avéssas.
I have put my stockings outward.

Não pósso descalçár âs bótas.
I cannot take off my boots.

Vôu comêr úm bocádo.
I go to eat a slice.

Tirei-o d'apêrto.
I took off him of perplexity.

Oppônho-me â êlle.
I oppose me at him.

Estôu prômpto.
I am ready.

Espivitêi â véla.
I have croped the candle.

Resolví ír lá.
I am resolved to go there.

Eu vôu-me ôu çáfo-me d'aquí.
I decamp me there.

Vím tão depréssa cómo êlle.
I came too fas thun him.

Não fiquêi ôu mê demorêi lá úma semâna.
I am not remained there a week.

Não sêi quêm sôis, ôu quêm Vm. é.
I do no which you are.

Dê náda mê quêixo.
I not com plain me from nothing.

Tênho vontáde dê vomitár.
I have mind to vomit.

Tênho calefrío.
I have the shivering.

Eu quizéra úm quárto dê dormír ôu úma alcôva.
I will a bed room.

Não quéro dormír nâ rúa.
I will not to sleep on street.

Tênho úm deflúxo dê cérebro.
I am catched cold in the brain.

Piquêi-me côm úm alfinête.
I am pinking me with a pin.

Aluguêi-lhe â mínha cása.
I have leted him my house.

Árdo êm desêjo dê â vêr.
I dead myself in envy to see her.

Tómo ôu bêbo úm câldo tôdas ás manhãs.
I take a broth all morning.

Dôe-me â cabêça.
My head is sick.

Não tênho têmpo.
I have no time.

Não pósso demorár-me.
I cannot to stayme.

Dár-vôs-hêi ôu dár-lhê-hêi ó sêu enderêço.
I will give you on's address.

Refíro-me âo quê dizêis ôu díz.
I report me at this you tell me.

Não sôu tôlo.
I am not to silly.

Não entêndo ôu intendo ísso.
I not understand that.

Não mê servís ôu não mê sérve pâra náda.
I am good for nothing.

Náda tênho quê dár-vos ôu dár-lhe.
I have nothing to give you.

Bêm sêi ô quê dêvo fazêr ôu mê compéte.
I know well who I have to make.

Não pósso isentar-me d'isso.
I cannot forbear me.

Fúi comprimentál-o á cêrca dô sêu casamênto.
I am going to congratulate him of her marryage.

Não quéro entremettêr-me n'ísso.
I will not to bring mi them.

Só vôs dirêi ôu lhê dirêi dúas palavras.
I shall not tell you than two woods.

Â pórta está fecháda.
The door is shurt.

Â pórta está abérta.
The door is open.

Entendêis-lo ôu entênde-o-bêm?
Understand you it?

Entendêste-a ôu entendêo-a?
Have you understanded?

Entendêste-âs ôu entendêo-as?
Have you understand they?

Sôube-o.
Let him have know?

Conhecêis-lo ôu conhêce-o?
Do you know him?

Conhecêis-la ôu conhêce-a?
Do you know her?

Conhecêis-los ôu conhêce-ôs?
Do you know they?

Conhecêis-las ôu conhéce-as?
Do you know they to?

Atacái-me ôu atáque-me.
Lace me do.

Â frúcta não vôs ôu lhe serve.
The fruit is good for nothing.

Â tempestáde passôu.
The storm is go over.

Ô sól coméça â dissipál-a.
The sun begins to dissape it.

Â cêifa está chegáda.
The crop approach.

Passôu ô verão.
The summer is go out.

Ô invérno não mê agráda.
The winter no pleases to me.

Ôs días coméção â crescêr.
The days begin to be grow.

Agráda-me â primavéra.
The spring please me too much.

Lêde â vóssa ôu â súa lição.
Read your lesson.

Quál preferis ôu prefére?
Witch prefer you?

Ô rio está geládo.
The river is taking.

Â calçáda escorréga.
The paving stone is sliphery.

Cahío ôu cahíu ráio.
The thunderbolt is falling down.

Â estráda é segúra?
Is sure the road?

Ô camínho é horrível.
The way is dreaful.

Ô íman attráhe â sí ô férro.
The loadstone attract to himself the iron.

Está frêsco ôu êm bôns lenções.
There is it him into fine sheets.

Âs rosêiras coméção â rebentár.
The rose-trees begins to button.

Âs espígas são múi comprídas.
The ears are too length.

Âs côusas mudárão dê aspécto.
The things have changed to aspect.

Têm cócegas nâs mãos.
The hands itch at him.

Ôs exêmplos são contagíósos.
The exemples are contagious.

Meu quérido meníno.
My dear child.

Minha quérida menína.
The dear gilr.

Esquecêste-vos ôu esquecêu-se dê mim?
Have you forgeted me?

Pônde-lhê ôu pônha-lhê ô sêu aventál.
Lay him hir apron.

Dái córda âo vósso ôu dê córda âo sêu relójio.
Mount your watch.

Âinda quê ísso mê custásse â vída.
That should must me to cost my life.

Não zombais ôu zômba?
Do not jest you to.

Não lhês digáis ôu lhês díga.
No tell them.

Não ô dísse.
No, i have not tell him.

Não ô disséstes ôu ô dísse?
Don't you have not telle-him?

Não ô dissérão.
Thi have not tell-him?

Não nôs conhecêmos.
We know not-us.

Sômos tôdos mortáes.
We are all mortal.

Não, êu não fáço senão pestanejár.
No, i have not that to slumber.

Aínda não acordástes ôu acordôu?
Don't you are awaken yet?

Alimpâi ôu alimpe ôs dêntes.
Clean yours teeth.

Não comáis ôu côma tânta frúcta.
Do not eat so much fruits.

Não mê rasguêis ô lívro.
Not tear my book.

Não mé embaracêis ôu embaráce apprendêr mínha licão.
Do not prevent me to study my lesson.

Não vôs arredêis ôu sê arrêde à' ahí.
No budge you there.

Não façáis ôu fáça bulha.
Do not make noise.

Sômos amígos vélhos.
We are from anceint knowledge.

Chêgámos.
There are us arrived.

Não tomêis ôu tóme ô camínho pôr ônde vím.
Do not take the way from whence i am come back.

Estâmos aquí â sálvo dê tôdos ôs perígos.
We are here to the shelter of all dangers.

Estâmos perdídos.
We are lost.

Alimpái-me ôu alímpe-me ôs sapátos.
Clean me my shoes.

Estâmos pérto dâ márgem.
We are near at the edge.

Custôu-nos muíto â salvár-nos.
We had been too much pain to save us.

Julgávamo-nos tôdos mórtos.
We were believing all deads.

Não toquêis ôu tóque n'ísso.
Do not touch there.

Não vôs perturbêis ôu sê pertúrbe.
Do not discompose you to.

Não fallêis ôu fálle máis n'ísso.
Do not speak more that.

Estáva-môs ôu viámo-nos cômo perdídos.
We were how lost.

Não podêmos ouvír nos.
Do not might one's understand to speak.

Ônde ídes ôu vái tão depréssa.
Where you go too fast?

Ônde começâmos?
Where we begin us to?

Podêmos dâr-vos ôu dár-lhe crédito.
One's can to believe you?

Pergúntão-o.
Ask him one's.

Tirái-vos ôu tíre-se d' ahí.
Take off you there.

Tirái ôu tíre êsses embrúlhos ôu trôuxas.
Take out they bounds.

Ônde sê reférem ôu correspôndem êssas campaínhas?
Where correspond the bells?

Tirárão-vos ôu tirárão-o d'úm péssimo negocio.
They have keep you from a bad thing.

Achão-se raramênte mancêbos cordátos ôu sisúdos.
One's find-modest the young men rarely.

Não sê póde ôu podêmos agradár â tôdos.
It can't to please at every one's.

Gásta-se múita lênha n'éssa cása.
One's make us very much of the wood in that house
there.

Chamárão-lhê ôu tratárão-o dê temerário.
They have treat him by rash.

Bátem á pórta, vêde ôu vêja quêm é.
It knock one's the door, go to and see who is it.

Ô jantár vêm já pâra â mêsa.
It go to briewng in dinner.

Ísso só sê póde têr ôu alcançar difficilmênte.
If can't have that who with difficulty.

Pâra vôs dizêr ôu dizêr-lhê â verdáde.
For tell you truth.

Falláis ôu fálla sinceramênte?
Speak seriously?

Podêmos crêr-vôs ôu crêl-o?
One's can believe you do?

Passái ôu pásse pôr aquí.
Como to this way.

Porquê â não vestis ôu véste?
Why not you dress him?

Porquê víndes ôu vêm tão tárde?
Why you come so late?

Porquê vôs levantástes ôu sê levantôu tão tárde?
How you is get up so late?

Pòrquê mê empurráis ôu mê empúrra?
Why you push me?

Porquê mê daís ôu dá?
Why you strike me?

Tomái ôu tóme êste rapáz ê açoitái-o ôu açôite-o múito bêm.
Take that boy and whip him to much.

Tomái ôu tóme sentído não vôs cortêis ôu córte.
Take attention to cut you self.

Acautelái-vos ôu acautéle-se dâ lâma.
Take care to dirt you self.

Já quê vos não sahís ôu Vm. não sáhe, tãobêm eû não sahirêi.
Since you not go out, i shall go out nor i neither.

Encostai ôu encóste ô bráço esquêrdo sôbre ôu nâ mêsa.
Put your left arm upon the table.

Acautelái vos ôu acautéle-se.
Take attention to you self.

Môrra êu sê vôs ôu lhê mínto.
That may dead if I lie you.

Quê díz êlle?
What tells him?

Quê díz élla?
What tells her?

Quê vôs dísse êlle?
What have he told you?

Quê vôs dísse élla?
What have her told you?

Quê fáz elle?
What do him?

Qûê fáz ella?
What do her?

Quê procuráis, pedis, desejáis, ôu procúra, péde, desêja?
What you ask?

Porquê não respondêis ôu respônde?
Why you not answer?

Porquê mê não ajudáis ôu ajúda?
Why you no helps me to?

Que murmuráis ôu murmúra?
What murmure you?

Quêm vôs ôu ô empúrra?
Which is how push on you?

Qêm cála, consênte?
That not says a word, consent.

Â quântos estâmos hôje dô mêz?
What time from the month you are to-day?

Sêja â quêm fôr qûe pergûnte pôr mím, dizêi-lhê ôu díga-lhê quê não estôu êm cása.
Whoever which ask me, tell him that i am no in there.

Quândo tivérdes ôu tivér estudádo, brincarêis ôu brincará.
When you shall have studiet, you shall amuse you self.

Quêm ô dísse?
Which has told that!

Quê negócio vós ôu ô demorôu?
What business has staced you?

Quê têndes ôu têm nô ôlho?
What have you on the eye?

Quê mê impórta ôu mê fáz ísso?
What is how make me that.

Sahí ôu sáia.
Get out.

Agarrái ôu agárre êsse velháco.
Seize upon this knave.

Sahí ôu seaia d'aquí.
Go out.

Assoprái ôu assópre ô lúme.
Blow the fire.

Ergâmo-nos dâ mêsa.
Come out the table.

Sê élla é fêia, âo mânos é graciósa.
One she is ugly, at-least she is gracious.

São êsses ôs vóssos ôu sêus fílhos?
These children are your's?

Sêu retráto é embonitádo.
Their portrait is flatted.

Tôdas âs árvores estão bêm carregádas.
All trees have very deal bear.

Tôda â cidáde sublevôu-sê.
All town raise her selve.

Aparái ôu apáre éssas pénnas.
Make they pens.

Endireitái-vôs ôu endirêite-sê.
Hold you better.

Tôdos ô âmão.
All pople love him.

Câda úm póde enganár-se.
Every man is exposed to mistake himself.

Túdo sê ajústa optimamênte.
Whole to agree one's perfectly.

Agóra dêo úma hóra.
One clock comes to strike.

Úm mál ôu úma dôr nâ gargânta.
A throat's ill.

Falláis ôu fálla múito báixo.
You speak slowly.

Quebráis-me ôu quebrá-me â cabêça.
You break my head.

Atordís-me ôu atúrde-me.
You astound me.

Sôis ôu é incómmodo ôu inquiéto.
You are troublesome.

Conhêce-vôs ôu conhêce-o êlle?
Don't he know you?

Conhéce-vôs ôu conhéce-o élla?
Are you know for her?

Lembrai-vos ôu lembra-se d'isso?
You does remember that?

Sôis ôu é máis vélho ôu idóso quê êu.
You are oldest that me.

Dormís ôu dórme múito ôu demasiádo.
You sleep too much.

Vós cahirêis ôu Vm. cahirá.
You will fall do.

Endefluxár-vôs-hêis ôu endefluxár-se-há.
You shall catch cold one's.

Não sabêis â vóssa ôu não sábe â súa lição.
You not know your lesson.

Não dançáis ôu dânça bêm.
You don't dance well.

Vós não cantáis ôu Vm. não cânta bêm.
You sing not well.

Vós cantáis ôu Vm. cânta múito bêm.
You sing not very deal well.

Está temperáda â vóssa ôu â súa vióla?
Your guitar is it tuned.

Não sabêis ôu não sábe náda.
You know any thing.

Não pronunciáis ôu pronuncía bêm.
You not pronounce well.

Vós não querêis ôu Vm. não quér trabalhár.
You take no pain.

Não fazêis ôu fáz senão jogár ê brincár.
You don't make that to play.

Sôis ôu é úm preguiçôso.
You are a sluggard.

Sôis ôu será açoutádo.
You shall be whiped.

Não fazêis ôu fáz senão taramelár.
You not make who to babble.

Aínda vivêm ôs vóssos ôu sêus páes?
Yours parents does exist yet?

Vós têndes ôu Vm. têm má cára.
You have bad look.

Têndes ôu têm âs mâos sújas.
Yours hands are dirty.

Têndes ôu têm múita préssa.
You are to pressed.

Sôis ôu é insupportável.
You are insupportable.

Sôis ôu é úm imbécil ôu estúpido.
You are imbecile.

Não fazêis ôu fáz senáo gracejár.
You not make what to jest.

Caminháis ôu camínha pôr címa.
You walk on.

Tãmbêm irêis ôu irá.
You will going too.

Vóssa ôu súa presença não é nécessaria.
Your presence is not necessary.

Vóssas ôu súas náválhas-dê-barbeár estão sujas.
Yours razors are no clean.

Não fazêis ôu fáz senão palrár tôdo ô día.
You not make that to prate all day's work.

Comêis ôu côme metáde dê vóssas ôu súas palávras.
You put out the half from yours words.

Sôis ôu ê úm tríste camínhânte.
You are a poor walker.

Não escrevêis ôu escrêve dirêito.
You no write well.

Acáso já ralhêi côm vôsco ôu Vm?
Never i have you rumbled?

Ísso é béllo ôu líndo.
Is there what is beautiful.

Teríeis ôu tería pezár dê ô fazêr.
You shall be very angry to do him.

Perturbáis-me ôu pertúrba-me.
You interompt me.

Enganáis-vos ôu engâna-se pesadamente.
You mistake you self heavily.

Vós lhê déstes ôu Vm. dêu-lhê ô que mercía.
You gave to him that he would deserved.

Vós tornáis-vós ôu Vm. tórná-se bêm ráro.
You come too rare.

FÍM DÂ PRIMÊIRA PÁRTE.

END FIRST PART'S.

SEDGUNDA PARTE.
SECOND PART.

❖❖❖❖❖❖❖❖❖❖❖❖❖❖❖❖

DIALOGOS FAMILIARES.
FAMILIAR DIALOGUES.

DÔ PASSÊIO.
THE WALK.

Quér vír dár comigo úm passêio?
Will you and take a walk with me?

Passêmos pôr êste prádo. Cômo â campína é boníta! cômo âs árvores estão frondósas!
Go through that meadow. Who the country is beautiful! who the trees are thick!

Sentêmo-nos á sômbra.
Sit down us to the shade.

Conhêce Vm. éssas senhóras quê pàra cá sê encamínhão?
Do you know these ladies who come from our side?

Parêce-me quê quérem assentár-se.
It seems me who they look where to sit down one's.

Deixêmos-lhes êste bânco.
Leave them this bench.

Parêce quê já ô trigo quér enverdecêr.
It seems me that the corn does push alredy.

Ôuve ô gorgêio dôs pássaros?
You hear the bird's gurgling?

Quê gòsto! quê incânto!
Which pleasure! which charm!

Estôu cançádo.
I am tired.

Démos úma vólta múito comprída.
We have done a great walk.

Do jôgo.
The gaming.

Gósta dô jôgo?
Do you like the gaming?

Não gósto dê jôgo. Só jógo pâra passár ô têmpo.
I don't like the play.

Rapáz, dá-nos úm barálho dê cártas.
Waiter, give us a card's game.

Córto.
I cut.

Trúnfo.
Trump.

Não tênho. Tênho.
I have no it, i have it.

Tôdos pozérão, excépto Vm.
Every one has played, except you.

É verdáde, não tínha reparado. Sôu bêm infelíz, sêmpre pérco!
True. I had not seen it, i am very unhappy alwes i lose.

Devêmos.
We do ought.

Quêm jóga não fálla.
Don't speak on in the play.

Não mê vêja âs cártas.
You do not look my game.

Ganhéi.
I have the game.

Estâmos êm páz.
We are quits.

CÔM Ô ALFAIÁTE.
WITH THE TAILOR.

Póde fazêr-me úm vestído!
Can you do me a coat?

Sím, senhôr.
Yes, sir.

Tóme â medída.
Take my mesure.

Dê quê pânno ô quér?
What cloth will you do to?

Dê quê convêm âo têmpo, êm quê estâmos.
From a stuff what be of season.

Quântos côvados necessito pâra casáca, collête ê calção?
How much wants the ells for coat, waist coat, and breeches?

Sêis.
Six ells.

É míto.
It is too many.

Tráz-me ô vestído?
Bring you my coat?

Sím, senhôr, êil-o aquí.
Yes sir, there is it.

Não estáva acabádo?
It don't are finished?

Ô fôrro não estáva cozído.
The lining war not sewd.

Crêio quê ô há-de contentár.
I think that you may be satisfied of it.

Parêce-me hêm comprído.
It seems me very long.

Abotôe-me.
Button me.

Elle apérta-me múito ô pêito.
It pinches me too much upon a stomack.

Não são âs mângas demasiadamênte lárgás?
The sleeves have not them great deal wideness?

Não senhôr, estão-lhe hêm.
No, sir, they are well.

Â pantalôna é múito estrêita.
The pantaloons is to narrow.

É móda.
It is the fashion.

CÔM Ô CABELLÊIREIRO.
WITH A HAIRDRESSER.

Senhôr méstre Vm. é múito priguiçôso. Detêm-me êm cása; êu tínha quê sahír. Sê não viér máis cêdo, despéço-o.

Master hair dresser, you are very lazy. You keep me back at home; i was to go out. If you not come sooner, i shall leave you to.

Senhôr, eû vím ás carrêiras.

Sir, i did come in a hurry.

Barbêie-me.

Shave-me.

Âs súas naválhas são bôas?

Yours razors are them well?

Sím, senhôr.

Yes, sir.

Sentído, não mê córte!

Look to not cup me.

Pentêie-me depréssa; não mê dêite tânta pomáda. Quê há dê nôvo? cabelleirêiro déve dár novidádes.

Comb-me quickly; don't put me so much pomatum. What news tell me? all hairs dresser are newsmonger.

Não ouví náda dê nôvo.

Sir, I have no heared anything.

Vênha ámanhã máis cêdo; ê trága-me algúma notícia. Têm múitol freguêzes?

To morrow be more early; bring me any news. Are you great deal of customers?

Bastântes pâra passár.

I have enough for to maintain-me.

Pâra perguntár novidádes.
For to ask some news.

Quê há dê nôvo?
What news is there.

Não ouvi dizêr náda.
I have not heard nothing.

Dê quê fállão agóra?
Which they speack?

Não ôuço dizêr côusa algúma.
They speack nothing.

Ouvio Vm. fallár dê guérra?
Have you heard that we shall have the war?

Náda ouví á êsse respêito.
I have not unterstook to speak of it.

Porêm fálla-se d'úm cêrco.
They speak however of a siege.

Fallôu-se n'ísso, mâs é mentíra; pêlo contrario, fállão dê páz.
It was spoken, but it is not true; on contrary, they speak of the peace.

É cérto ô quê dizem dô senhôr M—?

It is true what is told of master **M**—?

Pôis quê dízem d'êlle?

Then what is told of him?

Díz-se estár ferído mortalmênte.

I have heard that he is hurt mortally.

Sentirêi ísso múito; porquê é honrádo sujêito.

I shall be sowow of it, because he is a honestman.

Quêm ô ferío?

Which have wounden him?

Dôus marôtos quê ô investírão.

Two knaves who have attacked him.

ábe-se porquê?

Do know it why?

Â vóz quê córre é quê êlle déra, n'úm dôs táes, úm bofetão.

The noise run that is by to have given a box on the ear to a of them.

Não crêio ísso.

I believe not it.

Nêm êu tão pôuco.

Nor i either.

PÁRA COMPRÁR.
FOR TO BUY.

Quê quér Vm.?

What will you have, sir.

Quéro úm bòm ê boníto pânno pâra vestído.

I won't have a good and fine cloth to make a coat.

Èis úm excellênte ê múito dâ móda.

Here is it a much fine and who bear now.

Agráda-me â côr; pôrem o pânno não é múito fórte; não têm côrpo.

I like very much this colour; but the cloth is not strong enough, it is too thin.

Vêja ésta péça: Vm. não achará em párte nenhúma ôutra tão bôa cômo élla: ô pânno é excellênte.

Look that piece, sir, you do not find one so much fine else where; the cloth is very good.

Quânto péde Vm. pôr câda vára?

How much do you sell it the ell?

Ô sêu jústo prêço é três míl duzêntos ê ôito réis.

We thout overcharge you from a halfpenny, it cost twenty franks.

Senhôr, eû não costúmo regateár; díga-me ô último prêço.
Sir, i am not accustomed to cheapen; tell me the last price.

Já lhê dísse quê aquêlle é ô sêu jústo prêço.
I have told you, sir, it is valuable in that.

É caríssimo, dár-lhê-hêi dôus míl oito-cêntos ê oitênta réis.
It is too much dear, i give at it, eighteen franks.

Não pósso abâter úm seitíl.
There is not only halfpenny to beat down.

Não lhê darêi ô quê mê péde.
Vou shall not have what you have wished.

PÂRA JANTÁR.
FOR TO DINE.

Vámos jantár; êlle está prômpto.
Go to dine, the dinner is ready.

Â sôpa está nâ mêsa.
The soup is bringed.

Sênte-se âo pê dê mím. Gósta dê sôpa?
Sit down here by me. Do you like the soup?

Eu cómo dê túdo.
I eat every thing.

Córte pão: aqui ô têm. Não sêi sê êste cozído será bôm.
Cut some bread; here is it, i don't know that boiled
meat is good.

Éstas costellínhas são óptimas.
These cutlets are excellent.

Trínche êste perúm. Cômo ácha éssa perdíz?
Cut that turkey how you like that pardridge?

É excellênte.
It is excellent.

83

Pêdro, destápa úma garráfa dê vínho dô Pôrto.
Peter, uncork a Porto wine bottle.

Â súa saúde, senhôr.
Your health, sir.

Víva múitos annos.
Thank you.

Ésta paréce-me madúra.
This seems me mellow.

PÂRA MONTÁR Â CAVÁLLO.
FOR TO RIDE A HORSE.

Eis úm cavállo quê mê parêce máo. Dê-me ôutro; não quéro
êste. Elle não poderá andár. E asmático; está aguádo. Vm.
não sê envergônha dê mê dár úm rossím semelhânte? Elle está
desferrádo ê encravádo. É necessário mandál-o âo ferradôr.
Elle manquêja; está estropeádo, ê é cégo. Ésta sélla mê ferirá.
Ôs estríbos são múito comprídos, múito cúrtos. Estênda ôs
estríbos, en côlha-os. Âs cílhas estão pôdres. Quê péssimo
frêio! Dê-me ô mêu chicóte. Áte á mála ê ô mêu capôte.

Here is a horse who have a bad looks. Give mi
another; i will not that. He not sall know to march,
he is pursy, he is foundered. Don't you are ashamed
to give me a jade as like? he is undshoed, he is with
nails up; it want to lead to the farrier. He go limp,
he is disable, he is blind. That saddle shall hurt me.
The stirrups are too long, very shorts. stretch out the
stirrups, shorten the stirrups. The saddles girths are
roted, what bat bridle? Give me my whip. Fasten
the cloak-bag and my cloak.

Âs súas pistólas estão carregádas?

Your pistols are its loads?

Não. Esquecêu-me comprár pólvora ê bála. Piquêmos,
vâmos máis depréssa. Núnca vi peior bêsta. Não quér
andár, nêm pâra diânte, nêm pâra trâz.

No; i forgot to buy gun-powder and balls. Let us
prick. Go us more fast never i was seen a so much
bad beast; she will not nor to bring forward neither
put back.

Alárgue-lhê â rédea. Encúrte-lhe âs rédeas. Esporêio-o rijamênte; fáça-o andár.

Strek him the bridle, hold him that reins sharters. Pique stron gly, make to marsh him.

Pôr máis quê o pico, não ô pósso fazêr caminhár.

I have pricked him cnough. But i can't to make march him.

Desapêie-se; êu ô fareí avançár.

Go down, i shall make march.

Tóme sentído não lhê atire algúm côuce.

Take care that he not give you a foot kick's

Elle dá côuces pêlo quê vêjo. Ólhe cômo êu ô súbe domár.

Then he kicks for that i look? Sook here if i knew to tame hix.

PÂRA VISITÁR ÚM DÔENTE.
FOR TO VISIT A SICK.

Cômo passôu Vm. â nôite?
How have you passed the night?

Mûito mal, não púde dormír. Tíve fébre tôda â nôite. Sínto dôres êm tôdo ô côrpo.
Very bad. I have not sleeped; i have had the fever during all night. I fell some pain every where body.

Vejámos â língua; têm Vm. vontáde dê vomitár?
Live me see your tongue. Have you pain to the heart?

Algúmas vêzes.
Yes, sir, some times.

Está Vm. sequiôso?
Are you altered?

Sím, senhôr; tenho sêde â miúde,
Yes, i have thursty often.

Dêixe-me apalpár-lhe ô púlso.
Let me feel your pulse.

Têm fébre.
It is some fever.

Júlga Vm. â mínha doênça perigósa?

Do you think my illness dangerous?

Â súa situação não é dê cuidádo.

Your stat have nothing from troublesome.

Eu vôu escrevêr â recêita pâra mandál-a âo sêu boticário.

It must to send to the apothecary, i go to write the prescription.

Dê quê cônsta ô remédio quê êu dêvo tomár?

What is composed the medicine what i have to take?

Dê rheubárbo, crémor-dê tártaro, etc.

Rhubarb and tartar cream, etc.

Quê máis dêvo fazêr?

Let me have another thing to do?

Resguardár-se dô frío; ê, êm dôus ôu três días, estará são.

Take care to hold you warme ly, and in two or three days you shall be cured.

DÔ GOVÊRNO DÂ CÃSA.
FROM THE HOUSE-KEEPING.

Já não sêi cômo mê hêi-dê havêr côm ésta cásta dê gênte.

I don't know more what i won't with they servants.

Ó mêsmo dígo êu; não há criádos quê préstem. Nenhúm sê lêmbra dê varrêr, ôu d'accendêr lúme, sêm quê êu mê levânte.

I tell the same, it is not more some good servants. Any one take care to sweep neither to make fire at what i may be up.

Pêlo quê mê tóca, êu mêsmo várro ô mêu quárto.

For me, i sweep usually my room my self.

E têm razão, porquê ô módo dê câda úm sêr bêm servído, é servír-se â sí próprio.

It all right; the means to be served well is to serve himself.

Cômo ôs têmpos estão mudádos! Antiguamênte tíve êu críádos quê mê adivinhávão ôs pensamêntos. Ô trabálho fazía-se n'úm instânte; túdo éra úm pônto d'acêio, ê ôs trástes luzíão cômo espêlhos. Hôje êm día (cômo vê) ê ô contrário; túdo está cobérto dê pó, ôs vestídos, ôs trumós, ôs bufétes, ôs armários, âs cómodas, ê athé mêsmo âs parêdes mudárão dê côr.

How the times are changed! Anciently i had some servants who were divine my thought. The duty was done at the instant, all things were cleanly hold one may look on the furnitures now as you do see. It is too different, whole is covered from dust; the pier-glasses, side-boards, the pantries, the chests of drawers, the walls selves, are changed of colours.

Fáça ô quê lhê dígo, despéça tôda éssa gênte, quê êu mê encarrégo dê lhê procurár criádos bôns quê â substituão.

Believe me, send again whole the people; i take upon my self to find you some good servants for to succeed them.

Ah! quão obrigádo lhê seria sê tál mê fizésse!

Ah! what i shall be oblige to you of it!

Dâ comédia.
For the comedy.

Fóí Vm. hôntem âo théatro?

Were you go to the theatre yesterday?

Sím senhôr, eû quz vêr â nóva péça, nâ quâl representáva, péla primêira vêz, úma actríz.

Yes, sir; i won't to see the new play in which did owed to play and actress which has not appeared on any theatre.

Cômo achôu Vm. â comédia? Fôi applaudída?

What you say of the comedy? Have her succeded?

Não éra comédia, éra úm drâma; levôu pateáda nâ tercêira scêna dô último ácto.

It was a drama; it was whistted to the third scene of last act.

E â razão?

Because that?

Faltáva-lhe néxo, ê ô enrêdo éra defeituôso.

It want the vehicle, and the intrigue it was bad conducted.

Vísto ísso ô público não quíz esperár ô desfêcho?

So that they won't waited even the upshot?

Não senhôr, ê assím devía sêr. Nô êm tânto ôs actóres tivérão appláusos; porquê representárão bem.

No, it was divined. In the mean time them did diliver justice to the players which generaly have play very well.

Ácho ísso justo.

That is right.

Só úm foi patéádo pôr sobrecarregár múito ô sêu papél.

At the exception by a one's self, who had land very much hir's part.

Bêm fêito: náda sê déve perdoár â charlatães.

It want to have not any indulgence towards the bat buffoons.

Élla enlevou ôs espectadôres.

It have wonderd the spectadors.

DÂ CÁÇA.
THE HUNTING.

Há múita cáça n'êste bósque?
There is it some game in this wood?

N'ôutro têmpo contínha êlle múita veação, ê cáça miúda; pôrem ôs ladrões-de-cáça destruírão quási túdo.
Another time there was plenty some black beasts and thin game, but the poachers have killed almost all.

Carreguêmos âs espingárdas.
Load ours guns.

Lá pássa úma lébre! Lânce-lhe ôs cães! Cômo élla córre pêlos alquêives!
Look a hare who run! let do him to pursue for the hounds! it go one's self in the plonghed land.

Eil-a quê sê érgue ôutra vêz. Aponté-mol-a! Atírê-mos-lhe.
Here that it rouse. Let aim it! let make fire him!

Estendí-a mórta.
I have put down killed.

E êu não, pôrque â mínha espingárda errôu fôgo.
Me, i have failed it; my gun have miss fixe.

Vêjo úma côrça.
I see a hind.

Dêixe-a ír; não lhê fáça mál.
Let leave to pass away, don't disturte it.

Mâs, sê não matâmos náda; não terêmos veação. Eu desêjo levár âo mêu cuzinhêiro, pêlo mênos, úma cabêça dê javalí.
If we kill nothing, we will have not any venison. I do flatter me to bring at my cook at least a wild boar head.

Dêixe-se dê cáça gróssa; nós já têmos dâ inferiôr.
Let renounce to the high venison, we have some mean already.

Dízem quê há múitas perdízes êste ânno.
I have heard that it is plenty pardridges this year.

Eu matêi máis dê trínta.
I have killed more than thirty.

Matôu tãmbêm tórdos ê codornízes?
Have you killed also some thrushes and some quails?

Algúmas, ê máis dôus phaisões, úm páto-brávo, três gallinhólas, ê úma narcêja.
Some one, and besides two pheasants, a wild duck, three woodcocks and a snipe.

Eis úma óptima caçáda?
Here certainly a very good hunting.

Dâ Pésca.
The Fishing.

Este lágo parêce-mê bêm piscôso. Vâmos pescár pâra nôs divertír-mos.

That pond it seems me many multiplied of fishes. Let us amuse rather to the fishing.

Vâmos.

I do like-it too much.

Aquí têm úma cânna, ê anzóes.

Here, there is a wand and some hooks.

Silêncio! Eis úm béllo pêixe-pérsico! Dê-me â linha depréssa. Oh! é úma lampréia!

Silence! there is a superb perch! Give me quick the rod, Ah! there is, it is a lamprey.

Não é tál, ê úma rã! Dêite-a ôutra vêz n'água.

You mistake you, it is a frog! dip again it in the water.

Parêce-me melhór pescár êu cô'a nássa.

Perhaps i will do best to fish with the leap.

95

Experimênte. Desêjo quê sêja máis feliz ê habilidôso, quê cérto pescadôr, quê pescôu dêsde pêla manhã athé á nôite sêm apanhár côusa algúma.

Try it! I desire that you may be more happy and more skilful who acertain fisher, what have fished all day without to can take nothing.

CÔM ÚM MERCADÔR-DÊ-MÓVEIS.
WITH A FURNITURE TRADESMAN.

Vênho vêr ôs sêus móveis; quêro mobilár úm aposênto.
I come to see yours furniture, i have a apartment to furnish.

Aquí achára Vm. tôdos ô dê quê precisar.
You will find to my store house whole that you won't.

Esse tráste dê salão, côm damásco cramesím, ê compléto?
Is it complete this parlour furniture in damask crimson?

Sím, senhôr, êlle cônsta dê sêis poltrônas, dôze cadêiras, dúas cadêiras-dê-bráços, ê úm sophá.
Yes, sir; it is composed of six arm chairs, twelo chairs, two settees, and a sofa.

Não mê parêce nôvo.
It seems no me new.

Tál não díga: sáhe dâs mãos dô fabricânte.
Pardon me, it comes workman's hands.

Têm Vm. espêlhos?
Have you some glasses.

Dê quê tamânho ôs quér?
Which hightness want you its?

Dê quátro pés, sêis pollegádas dê lárgo, ê sétte d'altúra,
pôuco máis ôu mênos.
I want almost four feet six thumbs wide's,
over seven of long.

Irêi á súa cása tomár â medída.
I shall come back to you for to take the misure.

Tambêm quéro dôus lêitos.
I want also two beds.

Cômo ôs quér?
How do you like its?

Eú mêsmo ôs escolherêi.
I shall choice my self.

PÂRA EMBARCÁR.
FOR EMBARKING ONE'S SELF.

Senhôr capitão, párte pâra â Martínica?
Capitain, do you sail for the Martinica?

Sím, senhôr.
Yes, sir.

Quândo parte?
When do you sail?

Espéro partír ámanhã.
I intend to go to morrow.

Estarei prômpto.
I shall be ready.

Senhôr, avíe-se, porquê vôu erguêr âncora.
Sir, make haste you, i go to get up the anchor.

Ja Vm. apparelhôu?
Have you set sail already?

*Está túdo prômpto; só mê fálta tomár úm pôuco dê lástro;
ê, côm â primêira arágem favorável, sahirêi dô pôrto.*

All is set in order, it wants me to take a little ballast;
after that, i shall profile the first favourable wind
blow for to get out of the harbour.

Vm. não téme ôs corsários?

Don't you fear the privateers?

*Zômbo d'êlles; ô mêu navío é armádo êm guérra, tênho
equipágem vigilânte ê animósa, ê âs munições não mê
fáltão.*

I jest of them; my vessel is armed in man of war,
i have a vigilant and courageous equipage, and the
ammunitions don't want me its.

Vm. núnca naufragôu?

Never have you not done wreck?

*Naufraguêi dúas vêzes; â primêira sôbre â cósta dê Guiné,
ê â segúnda nô gôlpho dê Bengála.*

That is arrived me twice; the first time on the Guinea
coast, and the second time to the Bengale gulf.

CÒM Ô JARDINÊIRO.
WITH A GARDENER.

Francísco, quê fázes ahi?
What you make hither, Francis.

Régo êste cantêiro dê flôres.
I water this flowers parterre.

Quândo comerêi amêixas?
Shall i eat some plums soon?

Índa não é tempo d'éllas; mâs ôs damáscos brevemênte estarão madúros.
It is not the season yet; but here is some peaches what does ripen at the eye sight.

Já mê tárda comêr nózes nóvas; tóma sentído, não dêixes passár â estação.
It delay me to eat some wal nuts-kernels; take care not leave to pass the season.

Fíque descançádo; hêi-de colhêr-lh'as êm quânto tivérem â cásca bêm vèrde.
Be tranquil, i shall throw you any nuts during the shell is green yet.

E âs alcachófras médrão?
The artichoks grow its?

Tráto-as côm tôdo ô cuidádo, porquê sei quê Vm. gósta múito dê lhês cômer ô interiôr.

I have a particular care of its, because i know you like like the bottoms.

CÒM ÚM LIVRÊIRO.
WITH A BOOKSELLER.

Quê há dê nôvo êm litteratúra?

What is there in new's litterature?

Pôuco ôu náda: não apparêce óbra dê vúlto.

Little or almost nothing, it not appears any thing
of note.

Entretânto â imprênsa não descânça.

And yet one imprint many deal.

*Assím é; mâs quê imprîmem hôje? Gazetas, folhêtos
satyricos, ôu ôutras péças ephémeras; ê náda máis.*

That is true; but what it is imprinted. Some news
papers, pamphlets, and others ephemeral pieces: here is.

*Mâs Vmm. senhôres livrêiros, porquê não mândão estampár
bôas óbras?*

But why, you and another book seller, you does not
to imprint some good works?

*Â razão é clára; é porquê âs não vendêmos. Hôje ô público
têm ô gosto depravádo; pôucas são âs pessôas quê búscão
instrucção nâ leitúra; âs máis d'éllas búsçao recrêio.*

There is a reason for that, it is that you cannot to sell
its. The actual liking of the public is depraved they
does not read who for to amuse one's self ant but to
instruct one's.

Côm ô dentísta.
With a dentist.

Doêm-me ôs dêntes.
I have the teetht-ache.

Têm Vm. úma defluxão ôu úm dênte pôdre?
Is it a fluxion, or have you a bad tooth?

Pênso quê é úm dênte pôdre. Quér Vm. examinár-me â bôca?
I think that is a bad tooth; pleas you to examine my mouth?

Vm. têm úm dênte pôdre: quér quê lh'ô tíre?
You have a bad tooth; will you pull out this tooth?

Não mê pósso decidír â ísso; porquê â dôr é grânde.
I can't to decide me it, that make me many great deal pain.

Ô sêu dênte está dê tôdo cariádo; ê, sê ô dêixa, estragará ôs ôutros.
Your tooth is absolutely roted; if you leave it; shall spoil the others.

Então arrânque-o.
In such case, draw it.

Limpár-lhê hêi tambêm â bôca; Vm. cuidará êm conservál-a límpa, â fím quê ô esmálte dôs dêntes sê consérve: dár-lhê-hêi úma opiáta pâra fortificár âs gengívas.

I shall you neat also your mouth, and you could care entertain it clean, for to preserve the mamel of the teeth; i could give you a opiate for to strengthen the gums.

Agradêço-lhe; prefíro ô enxaguár â bôca côm água, ôu úma pôuca d'aguardênte.

I thank you; i prefer the only means, which is to rinse the mouth with some water, or a little brandy.

DÂ LÍNGUA FRANCÊZA.
THE FRENCH LANGUAGE.

Vm. estúda?

Do you study?

Sím, senhôr, estôu vêndo sê pósso traduzir dê francêz êm português.

Yes, sir, i attempts to translate of french by portuguese.

Ah! Vm. aprênde ô francêz! Fáz múito bêm. Â língua tórna-se-nos, câda día, máis nêcessária. Quê lívros são êsses quê ahí têm?

Then you learn the french language? You do well the french language becomes us all days too much necessary. What books have you there.

É úma grammática ê úm vocabulário.

It is a grammar and a vocabulary.

Já Vm. sábe âs principáes régras dâ grammática?

Do you know already the prinicipal grammars rules?

Sím, senhôr, aprendí-as dê cór.

I am appleed my self at to learn its by heart.

Que óbra está traduzíndo?

What works to you translate thither.

Uma collecção dê péças escolhídas êm prósa.
It is a collection choice pieces in prose.

Vm. índa não lê ôs poétas?
Don't you read yet the poets?

Não, senhôr, porquê mê cústa múito â intendêl-os.
The poems are yet too difficult by me.

É provável quê já Vm. compônha algúm discursozínho êm francêz.
Do you compose without doubt also some small discourses in french?

Eu, pôr óra, só fáco thêmas.
Not yet i don't make that some exercices.

Fálla algúmas vêzes francêz?
Do you speak french alwais?

Sím, senhôr, mâs ímperfeitamênte.
Some times; though i flay it yet.

Não díga tál. Vm. já ô fálla bêm.
You jest, you does express you self very well.

ANECDOTAS.
ANECDOTES.

◆◇◆◇◆◇◆◆◇◆◇◆◇◆

Um cego escondeu quinhentos escudos n'um canto do seu quintal; mas certo visinho, que o bispou, desenterrou-os, e ficou com elles. O ceguinho achando que essa chelpa fizera vispere, suspeitou quem era o ratoneiro. Tratavase porêm de recobral-a. Dirige-se pois ao visinho e diz-lhe:—"Venho pedir-lhe um conselho; tenho mil escudôs; escondi metade em sítio seguro, e não sei se devo pôr a outra no mesmo logar." O visinho aconselhou-lhe que assim o fizesse; e foi logo lançar os quinhentos escudos na cova, esperando empolgar os outros quinhentos; mas o cego tendo achado o seu dinheiro, deitou-lhe a unha; e chamando o visinho, disse-lhe sorrindo-se:—"Compadre, eu, que sou cego, vi mais, do que Vm. que tem olhos.

A blind did hide five hundred crowns in a corner of their garden; but a neighbour, which was perceive it, did dig up and took its. The blind not finding more her money, was suspect that might be the robed, but one work for take again it? He was going find the neighbour, and told him that he came to get him a council; than he was a thousand crowns which the half was hided into a sure part and i don't know if i want, if to put the remains to the same part. The neighbour was council him so and was hasten to carry back that sum, in the hope soon to draw out a thousand. But the blind having finded the money, was seized it, having called her neighbour, he told him: "Gossip, the blind saw clearer than this that may have two eyes."

Certo individuo apresentou-se a um magistrado, que tinha uma copiosissima bibliotheca, e o qual lhe perguntou:—"Que faz Vm.?—"Eu, senhor, respodeu-lhe o sujeito, escrevo livros."— "Mas, acode o magistrado, inda nao vi nenhum."—"Oh! exclama a author, não se admire d'isso V. S.: eu nada componho para París. Apenas alguma obra minha sahe do prélo, envio toda a edição a America. Eu só trabalho para as colonias."

A man one's was presented at a magistrate which had a considerable library. "What you make?" beg him the magistrate. "I do some books," he was answered. "But any of your books i did not seen its.—I believe it so, was answered the author; i make nothing for Paris. From a of my works is imprinted, i send the edition for America; i don't compose what to colonies."

Certo individuo cego d'um olho apostou, contra outro de boa vista, que via mais que elle. A aposta foi aceita.—"Ganhei, brada o torto; pois eu vejo dous olhos em Vm., e Vm. só me vê um."

One eyed was laied against a man which had good eyes that he saw better than him. The party was accepted. "I had gain, over said the one eyed; why i see you two eyes, and you not look me who one.

Um senhor inglez estava na cama cruelmente atormentado pela gota, eis lhe annuncião um supposto medico, que possuía certo remedio infallivel contra o dito mal.—"Esse doctor, pergunta o lord, veio a pé ou em carruagem?"—"A pé, volve-lhe o criado."—Então, acrescenta o doente, vai já dizer a esse velhaco que ponha os quartos na rua, pois se elle tivesse o remedio, de que se gaba, andaria em coche tirado por seis urcos, e eu mesmo fôra á sua casa offerecer-lhe metade cos meus bens, para me vêr livre de tão negregada molestia."

A english lord was in their bed, tormented cruelly of the gout, when was announced him a pretended physician, which had a remedy sure against that illness. "That doctor came in coach or on foot?" was request the lord. "On foot," was answered him the servant. "Well, was replied the sick, go tell to the knave what go back one's self, because if he was the remedy, which he exalt him self, he should roll a coach at six horses, and i would be send for him my self and to offer him the half part of my lands for to be delivered of my sickness."

Um taful com trunfa apolvilhada, mui douradinho e rescalando pivetes, conduzio a igreja, para com ella casar, uma namoradeira mui arribicada. O cura, tendo corrido com o luzio esse garrido par, diz-lhe:—"Anted d'eu articular o conjungo e para evitar um quiproquo, digao-me qual de Vmm. e a noiva."

A little master frizzeled, perfumed and covered of gold, had leaded to the church, for to marry, a coquethish to the dye glistening the parson, having considered a minute that disfigured couple, told him: "Now before to pronounce the conjungo, let avow me for fear of quiproquo, which from both is the bride?"

Um sujeito disse a certo religioso antes d'embarcar:—"Não perca ânimo n'uma borrasca, em quanto os marujos praguejarem e blasphemarem; mas, se os vir abraçarem-se, e pedirem reciprocos perdões, oh então tema e trema Vossa Reverencía!" Esse frade (apenas o navio sulca o mar alto) é assaltado por um furioso temporal. Então, assustadissimo, manda um leigo, da sua ordem, á escotilha para ouvir a palestra marinhesca; mas elle vólta logo; e benzendo-se co'a mão toda, diz ao Reverendo:—"Oh carissimo padre, estâmos perdidos! Esses malvados vomitão impracações horriveis. Se Vossa Paternidade as ouvisse, arripiar-se-lhe-hia a carne. Ellas são bem capazes de afundir esta embarcação."—"Louvado seja Deos! exclama o religioso! Não há perigo."

One told to a religious, already at to ambark one's self on the sea: "Don't torment you of any thing in a storm, as long as the sailors, shall jure and will blaspheme; but they could em brace, if they beg pardon reciprocally tremble you." This religious scarce at sea, that had raised a storm. The good father uneasy, was send some times a companion of their order to the hatchway, to the end what he might bring back him the discourse of the sailors. "Ah! my dearest father, all is lost, the brother come to tell him; these unappies made horrible imprecations, you would trembled to hear them; theirs blasphemes only are enough for make be lose the vessel. —God beloved, told the father! go, all shall go well."

Um clerigo protestante, mui colerico, explicava a alguns piufas nacos do pentateuco; chegando porêm ao artigo Balaam. Um rapazinho entrou a rir. Agastado o clerigo, rosna, ameaça e dezunha se em provar que um burro podia fallar, mórmente vendo ante si m anjo com uma espada. O cachopo ria cada vez mais; thé que zangado o olerigo dá-lhe um pontapé. Então o criانço choramigando, diz-lhe:—"Sim senhor; convenho em que o jumento de Balaam fallava, mas não despedial couces."

A protestant minister, very choleric, was explained to the children the Pentateuco; but arriving at the article Balaam. A young boy commence to laugh. The minister with indignation, chide, threaten and endeavor one's to prove that a ass was can speak especeally when he saws before him a angel armed from a sword. The little boy continue to laungh more strong. The minister had flied into passion, and give a kick the child, which told him weeping: "Ah! i admit that the ass of Balaam did spoken, but he not did kicks."

Dous amigos que dês-de muito têmpo se não tinhão visto, encontrárão-se casualmente:—"Como estás de saúde? pergunta um."— "Não muito bem, respinde o outro: casci."—"Óptima noticia!"— "Não óptima; pois recebi uma fêmea endiabrada."—"Tanto peior."—"Não assim, porque me trouxe em dote dous mil luizes."— "Bella somma! isso consola."—"Não cabalmente, porque a gastei em carneiros, que todos espichárão de morrinha."—"É pena!"— "Não é; pois suas pelles renderão-me mais."—"Entâo ficaste indemnisado?"—"Não de todo, porque o meu domicilio, que continha esse dinheiro, ficou reduzido a cinzas."—"Oh que grande desgraça!"—"Não foi grande; pois a senhora minha mulher e a casa ardêrão juntamente."

Two friends who from long they not were seen meet one's selves for hazard. "How do is thou? told one of the two.— No very well, told the other, and i am married from that i saw thee." Good news!—"Not quit, because i had married with a bad woman."—So much worse!—"Not so much great deal worse; because her dower was from two thousand lewis."—Well, that confort.—"Not absolutely; why i had emploied this sum for to buy some muttons, which are all deads of the rot."—That is indeed very sorry!—"Not so sorry, because the selling of hers hide have bring me above the price of the muttons."—So you are then undemnified?—"Not quit, because my house where i was deposed my money, finish to be consumed by the flames."—Oh! here is a great misfortune!—"Not so great nor i either, because my wife and my house are burned together."

Certa senhora, *quando jantava, ralhou com uma criada, por não ter deitado bastante manteiga n'uma iguaria. Deseulpou-se a rapariga, trazendo-lhe um gatinho, e dizendo o apanhara acabando de gramor os dous arrateis de manteiga que restavão. A dama empolga o gato; lança-o n'umas balanças; e este animalejo apenas pesava libra-e-meia.*

A Lady, which was to dine, chid to her servant that she not had used butter enough. This girl, for to excuse him selve, was bing a little cat on the hand, and told that she came to take him in the crime, finishing to eat the two pounds from butter who remain. The Lady took immediately the cat, was put into the balances it had not weighed that one an half pound.

Uma taberneira nunca esquecia dizer aos seus moços, quando alguns devotos de Baccho vinhão á sua bodega rociar os gorgomilos: —"Rapazes, quando esses senhores cantarem juntos, zurrápa com elles."

A tavern-keeper not had fail to tell theirs boys, spoken of these which drank at home since you will understand:— "Those gentlemem to sing in chorus, give them the less quality's wine."

Achando-se o commendador Forbin de Janson, com o célebre Boileau (Bebe-agua) n'um banquetaço, quiz chasqual-o ácêrea do seu nome—"Oh! que nome lhe pozerão? Boileau, eu preferira Boivin (Bebè-vinho)." O poeta motejando-o igualment, responde-lhe:—"E Vm. para que escolheu Janson (João-farelo)? Eu quizera me chamassem antes João-Farinha. Ora diga-me a farinha não é melhor que a sêmea?"

The commander Forbin of Janson, being at a repast with a celebrated Boileau, had undertaken to pun him upon her name:—"What name, told-him, carry you thither? Boileau; i would wish better to call me Drink wine." The poet was answered him in the same tune:—"And you, sir, what name have yeu choice? Janson; i should prefer to be named John-Meal. The meal don't is valuable better than the furfur?"

Um medico octogenario gozava inalteravel saúde; e seus amigos davão-lhe êmboras a esse respeito.—"Ah senhor doctor! dizião-lhe, Vm. é um homem admiravel. Ora diga-nos que faz para andar são como um pêro?—Eu lh'o declaro, respondeu elle (e até os exhorto a imitarem-me): vivo do producto dos meus recipes; mas não tómo nenhum dos remedios que aos doentes prescrevo."

A physician eighty years of age had enjoied of a health unalterable. Theirs friends did him of it compliments every days: "Mister doctor, they said to him, you are admirable man. What you make then for to bear you as well?—I shall tell you it, gentleman he was answered them, and i exhort you in same time at to follow my exemple. I live of the product of my ordering without take any remedy who i command to my sicks."

João II, rei di Portugal, *foi decisivo. Achando-se em sua côrte cous embaixadores castelhanos, para tratarem da paz, e vendo o monarcha lusitano que elles dilatavão a negociação, entregoulhes dous papeis, em um dos quaes estava escripto paz, e no outro guerra, dizendos-lhes:—"Escolhão."*

John II, Portugal king, had taken hir party immediately. He had in her court castillians ambassadors coming for treat af the peace. As they had keeped in leng the negotiation, he did them two papers in one from which he had wrote peace, and on the other war, telling them: "Choice you."

Confessava-se um labrego *ao seu parocho ácêrca d'um borrego que furtara a certo abegão visinho seu.—"E necessario restituir-lh'o, aliás não te absolvo."—"Como ha-de isso ser, se o gramei?"— "Tanto peior, tanto peior; empolgar-te-há o diabo; pois no valle de Josaphat, em presença do Altissimo, até o carneiro fallará contra ti.—Oh senhor padre! se o cordeiro lá se ha-de achar, então restituil-o-hei facilmente: não tenho mais do que dizer ao caseiro:— "Visinho, tome o seu borrego."*

A countryman was confessed to the parson to have robbed a mutton at a farmer of her neighborhood. "My friend told him the confessor, it must to return, or you shall not have the absolution.—But, repply the villager, i had eated him.—So much worse, told him the pastor; you vill be the devil sharing; because in the wide vale where me ought to appear we before God every one shall spoken against you, even the mutton. How! repply the countriman, the mutton will find in that part? I am very glad of that; then the restitution shall be easy, since i shall not have to tell to the farmer: Neighbour take your mutton again."

*O **poeta Scarron**, pouco antes de morrer, disse a seus criados, que se debulhavão um lagrymas junto ao seu leito:—"Meus filhos, vós não chorareis tanto como eu vos fiz rir."*

The Scarron poet, being almost to die, told their servants, which were weeping a bout a from her bed: "My children, you have sheded too many tears, you not shall veep as much as i had done to laugh."

*Certo **ferroupilha pedindo**, em Madrid, esmola a um sujeito, este respondeu-lhe:—"Tu és môço, e melhor fôra trabalhasses, que exercer tão vergonhoso mister."—"Meu senhor, acudio o orguihoso mendigo; eu peço-lhe dinheiro, não lhe peço conselhos.*

A beggar, to Madrid, had solicited the pity of a passenger. "You are young and strong, told him that man; it would be better to work as you deliver to the business who you do.— It is money as i beg you reply immediately the proud beggar, and not councils."

*Certo **astrologo** havendo predicto a morte d'uma senhora, que Luis XI amava, e o acaso tendo justificado esse vaticinio, elrei mandou chamar o astrologo:—"Ora tu que prevês tudo, disse-lhe, quando morrerás?" Avisado ou suspeitoso o astrologo de que esse monarcha lhe armava um laço repondeu-lhe:—"Eu, senhor, morrerei tres dias antes de Vossa Majestade." A superstição d'el-rei sabrepujou-lhe o resentimento; até tomou particular cuidado d'esse refinado impostor.*

A astrologer having predicted the death from a woman who Lewis XI was liked, and the hazard having justified her grediction, the king made come the astrologer: "Thy self what foresce all, told him when thou shall die? The astrologer warned, or suspecting who this prince bent him a gin, told him: "I will die three days before your Mejesty." The fear and the king's superstition was prevailed him upon the resentment; he took a particular care of this dexterous impostor.

*Entregon **certo alchimista** ao papa Leão X umlivro cuja epistola dedicatoria lhe era endereçada. Ao abril-o vio que se intuitulava:—Verdadeiro modo de fazer ouro.—Mandou então o pontifice que lhe trouxessem uma bolsa va sia, com a qual mimoseou o alchimista, dizend-lhe:—"Já que Vm. faz ouro, só lhe falta onde o guarde."*

The pope Leon X had received of the hands from a alchimist a book which the dedicatory epistle was directed him. Since he had open it, he had seen that it had for title: the realy manner to make any gold. He had ordered that bring him immediately a empty purse, which he made present to the alchymist, telling him: "Then you make some gold it won't, what a place for to put it."

Um homem que comia tanto como seis, apresentou-se ante Henrique IV, esperançado em que este lhe daria com que cevar-se mais á rasga. Como el-rei já tinha ouvido fallar d'esse illustre lambaz, perguntou-lhe se era certo comer elle tanto como seis?"—"É senhor, volveu-lhe."—E tu trabalhas á proporção?" continuou o monarcha.—"Eu trabalho como outro homem da minha fôrça e idade."—"Apage! brada el-rei, se o meu reino contivesse seis comilões como tu, mandava-os enforcar, para preserval-o da fome."

A man which had eaten so many than six was presented him self before Henry IV, in the hope that this king shall give him what to keep a so great a talent. The king which had heard speak already of this illustratious eater, did beg him whether what told of hir was true, that he eat as much as that six. "Yes, sir," had answered him. "And you work proportionably?" had continued the king. "Sire, repply-him, i work so much than another of my force and age.—For shame! tell the king, if i had six men as thy in my kingdom, i should make to hang up of like eaters would have it hungry soon."

Uma patrulha encontrou de noite certo individuo, que levava uma bojuda garrafa de vinho, e perguntando-lhe, gracejando:—"Tenho um punhal."—"Mostra-o cá, bradão." Então esse marmelo, dando-lhes a botelha, elles esgotão-a; e, entrengando-a depois a seu dono, dizem-lhe:—"Como tu és nosso amigo, entregâmos-te a bainha."

A patrol had meeted during the night a individual what had carried a wine bottle. This having asked what he had under hir cloak, he and answered jesting: "A poniard.—We will look at it," had replied the others. Our man present immediately her bottle, these had taked possession of it and they had given back it empty telling: "Here, as thou art one of our friends, we deliver the scabbard."

Entrando Diogenes um palacio cozido em ouro, e folheado de marmore, examinou-lhe as lindezas; mas, expellindo dous ou tres apupos co'o trazeiro, e tossindo, lancou um escarro á cara d'um Prhygio que lhe mostrava o tal palacio:—"Meu amigo, disse-lhe elle, inda não vi sitio mais sujo do que este para se lhe escarrar."

Diogenes was meeting him self in a magnificent palace where the gold and the marble were in wery much great. After have considering all the beauties, he began to cough, he made two or three efforts, and did spit against a Phrygian faces which show him hir palace. "My friend, told him, i have not see a place more dirty where i can to spit."

Veio um homem consultar esse philosopho á cêrca da hora em que devia comer.—"Se ês rico, respondeu-lhe, come quando quizeres; e, se pobre, quando poderes."

A day came a man consult this philosopher for to know at o'clock it was owe to eat. "If thou art rich, told him eat when you shall wish; if you are poor, when you may do."

Dando uma quéda Philippe, rei de Macedonia, e vendo a extensão de seu corpo impressa na poeira, exclamou:—"Grandes deuzes! como é acanhado o espaço que, n'este universo, occupâmos!"

Philip, king's Macedonia, being fail, and seing the extension of her body drawed upon the dust, was cry: "Greats gods! that we may have little part in this univers!"

Durante uma noite escurissima, um cego palmilhava as ruas com uma lanterna na mão, e uma bilha cheia ás costas. Certo mancebo que corria, topa-o; e, admirado da luz, diz ao cego:— "De que te serve essa claridade? Dia e noite não te são ignaes?"—"Esta lanterna, responde o cego, não me alumia; mas impede que esturdios, qual tu és, me deem bote, e me quebrem a bilha."

At the middle of a night very dark, a blind was walk in the streets with a light on the hand and a full jar upon the back. Some one which ran do meet him, and surprised of that light: "Simple that you are, told him, what serve you this light? The night and the day are not them the same thing by you?—It is not for me, was answering the blind. that i bring this light, it is to the and that the giddie swhich seem to you do not come to run against me, and make to break my jar."

Cesar vendo, um dia, um Roma, alguna estrangeiros riquissimos, trazerem em braços cãesinhos e macaquinhos, affagando-os carinhosamente, inquirio-lhes (e com razão) se as mulheres, na sua terra, não tinhão filhos?

Cesar, seing one day to Roma, some strangers very riches, which bore between hir arms little dogs and little monkeies and who was carressign them too tenderly, was asking, with so many great deal reason; whether the women of her country don't had some children?

Idiotismos e Proverbios.
Idiotisms and Proverbs.

◆◇◆◇◆◇◆◇◆◇◆◇◆◇◆◇◆

Pouco a pouco o passaro faz seu ninho.
Few, few the bird make her nest.

Mais vêem quatro olhos qui dous.
Four eyes does see better than two.

Tantas cabeças, tantas sentenças.
So many heads so much opinions.

Entra-me por um ouvido e sahe-me por outro.
What come in to me for an ear yet out for another.

As paredes teem ouvidos.
The walls have hearsay.

Elle tem rasca na assadura.
He has a part in the coke.

Tem as guelas ladrilhadas.
He has the throat paved.

São contos de velhas.
Its are some blu stories.

Anda de gatinhas.
He go to four feet.

Por dinheiro baila o perro.
Nothing some money, nothing of Swiss.

Descobrio a mercia.
He has discorvered the pot to roses.

Dar grandes gargalhadas.
Laugh at throat displaied.

Isso faz agua na boca.
That make to come water in the mouth.

Hir de bispo a moleiro.
To become of bishop miller.

Dorme como um arganaz.
He sleep as a marmot.

Tomar o ceo co' as mãos.
Take the moon with the teeth.

Elle tem bico.
He has a good beak.

Está armado de ponto em branco.
He is armed of foot at up.

Na terra dos cegos o que tem um olho é rei.
In the country of blinds, the one eyed men are kings.

Fazer tôrres de vento.
To build castles in Espagnish.

Gato escaldado da agua fria tem mêdo.
Cat scalded fear the cold water.

Mais vale um passaro na mão, que cem voando.
A take is better that two you shall have.

Comer o pão que o diabo amassou.
To eat of the cow mad.

Ter memoria de gallo.
To have a hare memory.

Quem se pica alhos come.
That which feel one's snotly blow blow one's nose.

Estar feito uma sopa.
To be weted even to the bones.

O habito não faz o monge.
The dress don't make the monk.

O homem propõe e Deos dispõe.
The man propose, and God dispose.

Atirar com o cabo atraz do machado.
To throw the handle afterwards the axe.

Tirar a braza com a mão do gato.
Take out the live coals with the hand of the cat.

A cavallo dado não se lhe olha para o dente.
A horse baared don't look him the tooth.

Tomar a occasião pelos cabellos.
Take the occasion for the hairs.

Comprar gato em sacco.
To buy a cat in pocket.

Come até mais não poder.
He eat untill to can't more.

Elle tem boa ponta de lingua.
He has a good top tongue.

Cão que ladra não morde.
The dog than bark not bite.

Gela a fazer estalar as pedras.
It freezes to break the stones.

É préciso lograr a occasião.
It want to beat the iron during it is hot.

A palavras loucas, orelhas moucas.
To the foulish words, no answer.

É louco rematado.
He is mad to bind.

Elle tem boa ponta de lingua.
He has the tongue very free.

Elle deve mais dinheiro do que pesa.
He is more in debt but he weigh.

É um bonacheirão.
He is a good devil.

Não sabe onde dar co'a cabeça.
He don't know where give with the head.

De noite todos os gatos são pardos.
I upon the night all cats are gray.

Pedra movediça nunca mofo a cubiça.
The stone as roll not heap up not foam.

Cada terra com seu uso, cada roca com seu fuso.
Every country has their uses.

Derão-lhe com a porta na cara.
They shurt him the doar in face.

Com o tempo madurão as uvas.
With the time come one s to the end of all.

Cabeça grande, pouco juizo.
Big head, little sens.

Deu no ponto.
He has fond the knuckle of the business.

Palavras e pennas o vento as leva.
Words and feathers the wind carry them.

Muda-se como grimpa.
He turns as a weath turcocl.

Uma mão lava a outra, e ambas o rosto.
A barber shave another.

Lobo faminto não ha mao pao.
Belly famished has no ears.

A boa fome não há máo páo.
To good appetite it not want any sauce.

Não há melhor mostarda que a fome.
There is not better sauce who the appetite.

O mal entra ás braçadas e sahe ás pollegadas.
The pains come at horse and turn one's self at foot.

Não é o mel para a boca do asno.
It is not for you that the oven is heated.

Agua molle em pedra dura, tanto dá até que fura.
To force to forge, becomes smith.

Acabou-se a festa, tomai o toldo.
Keep the curtains, the farce is played.

Tirar a sardinha com a mão do gato.
Keep the chestnut of the fire with the cat foot.

Amizade de menino é agua em cestinho.
Friendship of a child is water into a basket.

Despedir-se á franceza.
Burn the politeness.

Dize me com quem andas, dir-te-hei as manhas, que tens.
Tell me whom thou frequent, i will tell you which you are.

Barriga cheia, cara alegre.
After the paunch comes the dance.

Beber como um funil.
Drink as a hole.

Da mão á boca se perde a sopa.
Of the hand to mouth, one lose often the soup.

Comer como um boi.
To eat as ogre.

É um cesto roto.
It is a basket bored.

Buscar agulha em palheiro.
To look for a needle in a hay bundle.

Disputar por dá cá aquella palha.
Tu dispute upon the needle top.

Andar n'um pontinho de aceio.
To live in a small cleanness point.

Não se colhem trutas a bragas enchutas.
It must to break the stone for to have almond.

Deitar perolas a porcos.
To make paps for the cats.

Untar as mãos, a carro.
To fatten the foot.

Esperar horas e horas.
To craunch the marmoset.